KALENDER

JAHRESKALENDER

MOLAD-ZEITEN

LISTE DER HAFTAROT

für das Jahr
5784

Chajm Guski:
Luach – ein jüdischer Kalender für das Jahr 5784

Gelsenkirchen

August 2023/Aw 5783

Chajm Guski
www.sprachkasse.de
chajm@sprachkasse.de

Ein Titeldatensatz für diese Publikation ist bei der
Deutschen Nationalbibliothek erhältlich.

Printed in Germany by

Herstellung und Verlag: BoD – Books on Demand, Norderstedt

ISBN 9783757859473

INHALT

ZUR VERWENDUNG

Der Kalenderteil enthält das Datum nach allgemeiner Zeitrechnung, den Wochentag und einen Eintrag mit Daten für das jeweilige Datum.

📖 zeigt den Wochenabschnitt (die Paraschah) an.

In der letzten Spalte findet man das entsprechende Datum im jüdischen Kalender.

Der Monat dauert im Durchschnitt 29½ Tage und läuft durch vier Mondphasen: Erstes Viertel, Vollmond, letztes Viertel und Neumond. Der Monat wird dementsprechend in vier Einheiten geteilt: Die Woche. Die jüdische Woche beginnt nach dem Ende des Schabbats am Samstagabend mit dem »ersten Tag«. Der jüdische Tag beginnt am Abend. Deshalb beginnt der Schabbat am Freitagabend und nicht am Samstagmorgen. Dies wird mit dem 1. Buch

4

Mosche (Vers 5) begründet: »[...]rde Abend und es wurde Morgen, ein Tag.«

Außer »Schabbat« hat kein [...] sonst einen eigenen Namen:

Bezeichnung	Tag	Hebräisch	Abkürzung
Erster Tag	Sonntag	יום ראשון	יום א׳
Zweiter Tag	Montag	יום שני	יום ב׳
Dritter Tag	Dienstag	יום שלישי	יום ג׳
Vierter Tag	Mittwoch	יום רביעי	יום ד׳
Fünfter Tag	Donnerstag	יום חמישי	יום ה׳
Sechster Tag	Freitag	יום שישי	יום ו׳
Schabbat	Schabbat	יום שבת	שבת

ARBEIT UND FEIERTAGE

Tag	Arbeit eingeschränkt?	Anmerkung
Schabbat	Ja	Wöchentlich
Tu beSchewat	Nein	
Taanit Esther	Nein	Fastentag
Purim	Nicht vollständig	
Pessach Feiertage	Ja	Keine Arbeit an den ersten beiden und den letzten beiden Tagen
Pessach Chol haMoed	Nicht vollständig	Die sog. »Zwischenfeiertage«
Jom HaSchoah	Nein	
Jom HaSikaron	Nein	
Jom HaAtzmaut	Nein	
Lag baOmer	Nein	

Tag	Arbeit eingeschränkt?	Anmerkung
Jom Jeruschalajim	Nein	
Schawuot	Ja	Zubereitung von Speisen und Getränken erlaubt.
Schiwa Asar be-Tammus	Nein	Fastentag
Tischa beAw	Nicht vollständig	Begrenzt bis zum Mittag. Fastentag
Rosch Haschana	Ja	Zubereitung von Speisen und Getränken erlaubt.
Tzom Gedaljah	Nein	Fastentag
Jom Kippur	Ja	Fastentag
Sukkot		Keine Arbeit an den ersten beiden und den letzten beiden Tagen
Schemini Atzeret	Ja	
Sukkot Chol ha-Moed	Nicht vollständig	Die sog. »Zwischenfeiertage«
Chanukkah	Nicht vollständig	Nur während die Kerzen brennen
Asarah beTeWet	Nein	Fastentag

10   Sonntag

11   Montag

12   Dienstag

13   Mittwoch

14   Donnerstag

Molad: 5:49 Uhr; 0 Chalakim
15   Freitag   **Erew Rosch Haschana**

16   **Schabbat**   **Rosch haSchana 5784**
1.B.M. Kapitel 21; Maftir 4.B.M. 29,1–6
Haftarah ☞ 1. Schmuel 1,1–2,20   1

17 Sonntag

Rosch HaSchana Tag 2
1.B.M.22,1-24; Maftir: 4 B.M. 29,1–6
Haftarah ☞ Jirmejahu 31,1–19

2

---

18 Montag

3

---

19 Dienstag

4

---

20 Mittwoch

5

---

21 Donnerstag

6

---

22 Freitag

7

---

23 Schabbat

🕮 Ha'asinu

Schabbat Schuwa
5.B.M. 32,1-32,52 Haftarah ☞ Aschk. Hoschea 14,2-10;
Joel 2,15-27; Sef. Hoschea 14,2-10; Micah 7,18-20

8

| 24 | Sonntag | **Erew Jom Kippur** | 9 |

25 Montag

Jom Kippur
Schacharit: 3. B.M. 16,1–34; 5. B.M. 29,7–11
Haftarah: 57,14–58,14
Minchah: 3. B.M. 18,1–30; Maftir: 3. B.M. 18,22–30
Haftarah: Das Buch Jonah. Michah 7,18–20

10

26 Dienstag

11

27 Mittwoch

12

28 Donnerstag

13

29 Freitag　　**Erew Sukkot**

14

30 **Schabbat**

Sukkot Tag 1
3.B.M. 22,26–23,44 Maftir: 4.B.M. 29,12-16
Haftarah ☞ Zacharjah 14,1–21; Jemenitisch 13,9–14,21

15

1	Sonntag	**Sukkot Tag 2** 3. B.M. 22,26-23,44; Maftir: 4. B.M. 29,12-16 Haftarah:	16
2	Montag	**Sukkot Tag 3 (Chol haMoed)** 4. B.M. 29,17-25	17
3	Dienstag	**Sukkot Tag 4 (Chol haMoed)** 4. B.M. 29,20-28	18
4	Mittwoch	**Sukkot Tag 5 (Chol haMoed)** 4. B.M. 29,23-31	19
5	Donnerstag	**Sukkot Tag 6(Chol haMoed)** 4. B.M. 29,26-34	20
6	Freitag	**Sukkot Tag 7 (Hoschana Raba)** 4. B.M. 29,26-34	21
7	**Schabbat**	**Schmini Azeret** 5. B.M. 14,22-16,17; Maftir: 4. B.M. 29,35-30,1 Haftarah ☞ 1. Melachim 8,54-66	22

8	Sonntag	**Simchat Torah** 5. B.M. 33,1-34,12; Genesis 1,1-2,3; 4. B.M. 29,35-30,1 Haftarah ☞ Jehoschua 1,1-18	23
9	Montag		24
10	Dienstag		25
11	Mittwoch		26
12	Donnerstag		27
13	Freitag		28
14	Schabbat	Molad: 18:33 Uhr; 1 Chelek **Bereschit** 1. B.M. 1,1–6,8 | Haftarah ☞ Aschkenasisch Jeschajahu 42,5–43,10; Sefardisch 42,5–21	29

15   Sonntag   **Rosch Chodesch Cheschwan**
4. B.M. 28,1–15   30

16   Montag   **Rosch Chodesch Cheschwan**
4. B.M. 28,1–15   1

17   Dienstag   2

18   Mittwoch   3

19   Donnerstag   4

20   Freitag   5

Jahrzeit Rabbiner Lord Jonathan Sacks

21   **Schabbat**   **Noach**
1. B.M. 6,9–11,32 | Haftarah ☞ Jeschajahu: Aschk.
54,1–55,5; Frankfurt a.M. & Chabad 54,1–10; Sefardisch
55,1–10   6

22	Sonntag	7
23	Montag	8
24	Dienstag	9
25	Mittwoch	10
26	Donnerstag	11
27	Freitag	12
28	**Schabbat**	13

Lech Lecha
1. B.M. 12,1–17,27 | Haftarah ☞ Jeschajahu: Aschk. 40,27–41,16; Sefardisch 40,27–41,16

| 29 | Sonntag | | 14 |

| 30 | Montag | | 15 |

| 31 | Dienstag | | 16 |

| 1 | Mittwoch | | 17 |

| 2 | Donnerstag | | 18 |

| 3 | Freitag | | 19 |

| 4 | **Schabbat** | **Wajera**
1. B.M. 18,1–22,24
Haftarah ☞ 2. Melachim: Aschk. 4,1–37; Sef. 4,1–23 | 20 |

| 5 | Sonntag | | 21 |

| 6 | Montag | | 22 |

| 7 | Dienstag | | 23 |

| 8 | Mittwoch | | 24 |

| 9 | Donnerstag | | 25 |

| 10 | Freitag | | 26 |

| 11 | **Schabbat** | **Chajei Sara**
1. B.M. 23,1–25,18
Haftarah ☞ 1. Melachim 1,1–31 | 27 |

| 12 | Sonntag | | 28 |

| 13 | Montag | **Jom Kippur Katan**
Molad: 7:17 Uhr, 2 Chalakim
2. B.M. 32,11−14, 34,1−10
Haftarah ☞ Jeschajahu 55,6 -13; 56,1-8 | 29 |

| 14 | Dienstag | **Rosch Chodesch Kislew**
4. B.M. 28,1−15 | 1 |

| 15 | Mittwoch | | 2 |

| 16 | Donnerstag | | 3 |

| 17 | Freitag | | 4 |

| 18 | **Schabbat** | **Toldot**
1. B.M. 25,19−28,9
Haftarah ☞ Malachi 1,1−2,7 | 5 |

19	Sonntag		6
20	Montag		7
21	Dienstag		8
22	Mittwoch		9
23	Donnerstag		10
24	Freitag		11
25	**Schabbat**	**Wa'jeze** Bereschit 28,10–32,3 Haftarah ☞ Hoschea Aschk. 12,13–14,10; Sefar. 11,7–12,12; Ital. 1,1–2,7	12

26	Sonntag	13
27	Montag	14
28	Dienstag	15
29	Mittwoch	16
30	Donnerstag	17
1	Freitag	18

2	**Schabbat**	**Wajischlach** 1. B.M. 32,4–36,43	Haftarah ☞ Aschk. Hoschea 11,7–12,12; Sefard. Owadjah 1,1–21 Baba Kamma 30	19

| 3 | Sonntag | | 20 |

| 4 | Montag | | 21 |

| 5 | Dienstag | | 22 |

| 6 | Mittwoch | | 23 |

| 7 | Donnerstag | **Channukah:** 🕯
Kerze wird am Abend gezündet | 24 |

| 8 | Freitag | **Channukah:** 🕯🕯
4. B.M. 7,1–17
Channukah Tag 1 | 25 |

| 9 | **Schabbat** | 📖 **Wajeschew**
1. B.M. 37,1–40,23; Maftir: 4. B.M. 7,18–23; \| Haftarah ☞ Zacharjah 2,14–4,7
Channukah: 🕯🕯🕯 | 26 |

10   Sonntag

Channukah: 🕎
4. B.M. 7,24-35

27

11   Montag

Channukah: 🕎
4. B.M. 7,30-41

28

12   Dienstag

Channukah: 🕎
Molad: 20:01 Uhr, 3 Chalakim
4. B.M. 7,36-47

29

13   Mittwoch

Chag HaBanot

Channukah: 🕎
Rosch Chodesch Tewet
4. B.M. 28,1–15; 7,42–47

1

14   Donnerstag

Channukah: 🕎
4. B.M. 7,48-59

2

15   Freitag

Channukah: 8. Tag
4. B.M. 7,54-8,4

3

16   **Schabbat**

📖 **Miketz**
1. B.M. 41,1–44,17 | Haftarah ☞ 1. Melachim 3,15–4,1;
Ital. 3,15–28

4

| 17 | Sonntag | | 5 |

| 18 | Montag | | 6 |

| 19 | Dienstag | | 7 |

| 20 | Mittwoch | | 8 |

| 21 | Donnerstag | | 9 |

| 22 | Freitag | | 10 |

| 23 | **Schabbat** | **Wajigasch**
1. B.M. 44,18–47,27 \| Haftarah ☞ Jechezkiel 37,15–28 | 11 |

| 24 | Sonntag | 12 |

| 25 | Montag | 13 |

| 26 | Dienstag | 14 |

| 27 | Mittwoch | 15 |

| 28 | Donnerstag | 16 |

| 29 | Freitag | 17 |

| 30 | **Schabbat** | **Wajechi**
1. B.M. 47,28–50,26 | Haftarah ☞ 1. Melachim 2,1–12 | 18 |

31	Sonntag		19
1	Montag		20
2	Dienstag		21
3	Mittwoch		22
4	Donnerstag		23
5	Freitag		24
6	Schabbat	**Schemot** 2. B.M. 1,1–6,1 | Haftarah ☞ Aschk. Jeschajahu 27,6–28,13; 29,22–23; Sef./Ital. Jirmejahu 1,1–2,3	25

| 7 | Sonntag | | 26 |

| 8 | Montag | | 27 |

| 9 | Dienstag | | 28 |

| **10** | Mittwoch | **Jom Kippur Katan**
2. B.M. 32,11–14, 34,1–10
Haftarah ☞ Jeschajahu 55,6 -13; 56,1-8 | 29 |

| **11** | Donnerstag | **Rosch Chodesch Schwat**
Molad: 8:45 Uhr, 4 Chalakim
4. B.M. 28,1–15 | 1 |

| 12 | Freitag | | 2 |

| 13 | **Schabbat** | **Waera**
2. B.M. 6,2–9,35 \| Haftarah ☞ Jechezkiel 28,25–29,21;
Ital./Jemen. 28,24–29,21 | 3 |

| 14 | Sonntag | 4 |

| 15 | Montag | 5 |

| 16 | Dienstag | 6 |

| 17 | Mittwoch | 7 |

| 18 | Donnerstag | 8 |

| 19 | Freitag | 9 |

20 **Schabbat** **Bo**
2. B.M. 10,1–13,16 | Haftarah ☞ Aschk./Sef. Jirmejahu
46,13–28; Ital. Jeschajahu 18,7–19,25; Jemen 19,1–19,25   **10**

21	Sonntag		11

22	Montag		12

23	Dienstag		13

24	Mittwoch		14

25	Donnerstag	**Tu biSchwat**	15

26	Freitag		16

27	**Schabbat**	**Beschalach – Schabbat Schirah** 2. B.M. 13,17–17,16 | Haftarah ☞ Schoftim: Aschk. 4,4–5,31 ; Sef. 5,1–5,31; Ital. 4,4–5,3; Jemen. 4,23–5,31	17

| 28 | Sonntag | | 18 |

| 29 | Montag | | 19 |

| 30 | Dienstag | | 20 |

| 31 | Mittwoch | | 21 |

| 1 | Donnerstag | | 22 |

| 2 | Freitag | | 23 |

| 3 | **Schabbat** | **Jitro**
2. B.M. 18,1–20,23 \| Haftarah ☞ Jeschajahu Aschk.
6,1–7,6; 9,5–6; Sef./Ital./Jem. 6,1–13 | 24 |

| 4 | Sonntag | | 25 |

| 5 | Montag | | 26 |

| 6 | Dienstag | | 27 |

| 7 | Mittwoch | | 28 |

| 8 | Donnerstag | **Jom Kippur Katan**
2. B.M. 32,11–14, 34,1–10
Haftarah ☞ Jeschajahu 55,6 -13; 56,1-8 | 29 |

| 9 | Freitag | **Rosch Chodesch Adar I**
Molad: 21:29 Uhr, 5 Chalakim
4. B.M. 28,1–15 | 30 |

| 10 | **Schabbat** | **Mischpatim**
2. B.M. 21,1–24,18 | Maftir: 4. B.M. 28,9–15 | Haftarah ☞ Jeschajahu 66,1–24
Rosch Chodesch Adar I | 1 |

| 11 | Sonntag | 2 |

| 12 | Montag | 3 |

| 13 | Dienstag | 4 |

| 14 | Mittwoch | 5 |

| 15 | Donnerstag | 6 |

| 16 | Freitag | 7 |

| 17 | Schabbat | **Trumah**
2. B.M. 25,1–27,19 | Haftarah ☞ 1. Melachim 5,26–6,13 | 8 |

18	Sonntag	9
19	Montag	10
20	Dienstag	11
21	Mittwoch	12
22	Donnerstag	13
23	Freitag — Purim Katan	14
24	**Schabbat** — Tetzaweh 2. B.M. 27,20–30,10 | Haftarah ☞ Jechezkiel 43,10–27	15

| 25 | Sonntag | | 16 |

| 26 | Montag | | 17 |

| 27 | Dienstag | | 18 |

| 28 | Mittwoch | | 19 |

| 29 | Donnerstag | | 20 |

| 1 | Freitag | | 21 |

| 2 | Schabbat | **Ki Tisa**
2. B.M. 30,11–34,35 \| Haftarah ☞ 1. Melachim Aschk.
18,1–39; Sef. 18,20–39; Ital. 18,1–38; Jemen. 18,1–45 | 22 |

3	Sonntag		23
4	Montag		24
5	Dienstag		25
6	Mittwoch		26
7	Donnerstag	**Jom Kippur Katan** 2. B.M. 32,11–14, 34,1–10 Haftarah ☞ Jeschajahu 55,6 -13; 56,1-8	27
8	Freitag		28
9	**Schabbat**	**Wajakhel – Schabbat Schekalim** 2. B.M. 35,1–38,20 | Maftir 30,11–16 | Haftarah ☞ Aschk. 2. Melachim 12,1–17; Sef. 1. Melachim 7,13–26	29

10	Sonntag	**Rosch Chodesch Adar II** Molad: 10:13 Uhr, 6 Chalakim 4. B.M. 28,1–15	30
11	Montag	**Rosch Chodesch Adar II** 4. B.M. 28,1–15	1
12	Dienstag		2
13	Mittwoch		3
14	Donnerstag		4
15	Freitag		5
16	**Schabbat**	**Pekudej** 2. B.M. 38,21–40,38 | Haftarah ☞ 1. Melachim Aschk. 7,51–8,21; Sef./Ital./Jemen. 7,40–50	6

17	Sonntag	7
18	Montag	8
19	Dienstag	9
20	Mittwoch	10
21	Donnerstag	11
22	Freitag	12

Wajikra – Schabbat Sachor
3. B.M. 1,1–5,26 | Maftir 5.B.M. 25,17–19
Haftarah ☞ 1. Schmuel 15,2–34
Erew Purim

23	**Schabbat**	13

| 24 | Sonntag | **Purim** | 14 |

| 25 | Montag | **Schuschan Purim** | 15 |

| 26 | Dienstag | | 16 |

| 27 | Mittwoch | | 17 |

| 28 | Donnerstag | | 18 |

| 29 | Freitag | | 19 |

| 30 | **Schabbat** | **Tzaw – Schabbat Parah**
Purim-Vintz
3. B.M. 6,1–8,36 \| Maftir 4. B.M. 19,1–22
Haftarah ☞ Jechezkiel 36,16–38 | 20 |

| 31 | Sonntag | 21 |

| 1 | Montag | 22 |

| 2 | Dienstag | 23 |

| 3 | Mittwoch | 24 |

| 4 | Donnerstag | 25 |

| 5 | Freitag | 26 |

| 6 | Schabbat | **Schemini – Schabbat haChodesch**
3. B.M. 9,1–11,47 | Maftir 2. B.M. 12,1–20
Haftarah ☞ Jechezkiel Aschk. 45,16–46,18; Sef.
45,18–46,15; Ital. 45,18–46,18; Jemen. 45,9–46,11 | 27 |

7 Sonntag — 28

8 Montag — 29

Jom Kippur Katan
Molad: 22:57 Uhr, 7 Chalakim
2. B.M. 32,11–14, 34,1–10
Haftarah ☞ Jeschajahu 55,6 -13; 56,1-8

9 Dienstag — 1

Rosch Chodesch Nissan
4. B.M. 28,1–15

10 Mittwoch — 2

11 Donnerstag — 3

12 Freitag — 4

13 Schabbat — 5

Tasria
3. B.M. 12,1–13,59 | Haftarah ☞ 2. Melachim 4,42–5,19

14	Sonntag	6
15	Montag	7
16	Dienstag	8
17	Mittwoch	9
18	Donnerstag **Alija-Tag**	10
19	Freitag	11
20	**Schabbat** **Metzora – Schabbat haGadol** 3. B.M. 14,1–15,33 | Haftarah ☞ Malachi 3,4–24; 3,23	12

| 21 | Sonntag | | 13 |

| 22 | Montag | **Erew Pessach** | 14 |

| 23 | Dienstag | **Pessach Tag 1**
2. B.M. 12,21-51; Maftir 4. B.M. 28,16-25
Haftarah ☞ Jehoschua 5,2-6,1 | 15 |

| 24 | Mittwoch | **Pessach Tag 2**
Leviticus 22,26-23,44; Maftir 4. B.M. 28,16-25
Haftarah ☞ 2. Melachim 23,1–9, 23, 21–25
1. TAG DES OMER | 16 |

| 25 | Donnerstag | **Pessach Tag 3 (Chol haMoed)**
2. B.M. 13,1-16; 4. B.M. 28,19-25
2. TAG DES OMER | 17 |

| 26 | Freitag | **Pessach Tag 4 (Chol haMoed)**
2. B.M. 22,24-23,19; 4. B.M. 28,19-25
3. TAG DES OMER | 18 |

| 27 | **Schabbat** | **Pessach Tag 5 (Chol haMoed)**
2. B.M. 33,12–34,26 | Maftir 4. B.M. 28,19–25
Haftarah ☞ Jechezkiel Jechezkiel 37,1–14
4. TAG DES OMER | 19 |

| 28 | Sonntag | **Pessach Tag 6 (Chol haMoed)**
2. B.M. 34,1-26; 4. B.M. 28,19-25
5. TAG DES OMER | 20 |

| 29 | Montag | **Pessach Tag 7**
2. B.M. 13,17-15,26; Maftir 4. B.M. 28,19-25
Haftarah ☞ 2. Schmuel 22,1-51
6. TAG DES OMER | 21 |

| 30 | Dienstag | **Pessach Tag 8**
5. B.M. 15,19-16,17; 4. B.M. 28,19-25
Haftarah ☞ Jeschajahu 10,32-12,6
7. TAG DES OMER | 22 |

| 1 | Mittwoch | **8. TAG DES OMER** | 23 |

| 2 | Donnerstag | **9. TAG DES OMER** | 24 |

| 3 | Freitag | **10. TAG DES OMER** | 25 |

| 4 | **Schabbat** | **Acharej Mot**
3. B.M. 16,1–18,30 \| Haftarah ☞ Jechezkiel
Aschk. 22,1–19; Ital./Jemen. 22,1–16
11. TAG DES OMER | 26 |

| 5 | Sonntag | **12. TAG DES OMER** | 27 |

| 6 | Montag | **Jom haSchoa**
13. TAG DES OMER | 28 |

| 7 | Dienstag | **14. TAG DES OMER** | 29 |

| 8 | Mittwoch | **Rosch Chodesch Ijar**
Molad: 11:41 Uhr, 8 Chalakim
4. B.M. 28,1–15
15. TAG DES OMER | 30 |

| 9 | Donnerstag | **Rosch Chodesch Ijar**
4. B.M. 28,1–15
16. TAG DES OMER | 1 |

| 10 | Freitag | **17. TAG DES OMER** | 2 |

| 11 | **Schabbat** | **Kedoschim**
3. B.M. 19,1–20,27 \| Haftarah ☞ Aschk. Amos 9,7–15;
Sef./Ital. Jechezkiel 20,2–20
18. TAG DES OMER | 3 |

| 12 | Sonntag | **19. TAG DES OMER** | 4 |

| 13 | Montag | **Jom HaSikaron**
20. TAG DES OMER | 5 |

| 14 | Dienstag | **Unabhängigkeitstag – Jom ha'atzma'ut**
21. TAG DES OMER | 6 |

| 15 | Mittwoch | **22. TAG DES OMER** | 7 |

| 16 | Donnerstag | **23. TAG DES OMER** | 8 |

| 17 | Freitag | **24. TAG DES OMER** | 9 |

| 18 | **Schabbat** | **Emor**
3. B.M. 21,1–24,23 | Haftarah ☞ Jechezkiel 44,15–31
25. TAG DES OMER | 10 |

| 19 | Sonntag | **26. TAG DES OMER** | 11 |

| 20 | Montag | **27. TAG DES OMER** | 12 |

| 21 | Dienstag | **28. TAG DES OMER** | 13 |

| **22** | Mittwoch | **Pessach Scheni**
29. TAG DES OMER | 14 |

| 23 | Donnerstag | **30. TAG DES OMER** | 15 |

| 24 | Freitag | **31. TAG DES OMER** | 16 |

| 25 | **Schabbat** | **Behar**
3. B.M. 25,1–26,2 \| Haftarah ☞ Jirmejahu Aschk.
32,6–27; Ital./Jemen. 16,19–17,14
32. TAG DES OMER | 17 |

26	Sonntag	**Lag baOmer** **33. TAG DES OMER**	18
27	Montag	**34. TAG DES OMER**	19
28	Dienstag		20
29	Mittwoch		21
30	Donnerstag		22
31	Freitag		23
1	**Schabbat**	⊟ **Bechukotaj** 3. B.M. 26,3–27,34 | Haftarah ☞ Jirmejahu 16,19–17,14; Ital. Jechezkiel 34,1–15 **39. TAG DES OMER**	24

2	Sonntag	**40. TAG DES OMER**	25

3	Montag	**41. TAG DES OMER**	26

4	Dienstag	**42. TAG DES OMER**	27

5 Mittwoch

Jom Jeruschalajim
43. TAG DES OMER

28

6 Donnerstag

Jom Kippur Katan
2. B.M. 32,11–14, 34,1–10
Haftarah ☞ Jeschajahu 55,6 -13; 56,1-8
44. TAG DES OMER

29

7 Freitag

Rosch Chodesch Siwan
Molad: 00:25 Uhr, 9 Chalakim
4. B.M. 28,1–15
45. TAG DES OMER

1

8 Schabbat

📖 **Bamidbar**
4. B.M. 1,1–4,20 | Haftarah ☞ Hoschea 2,1–22
46. TAG DES OMER

2

9	Sonntag	**47. TAG DES OMER**	3
10	Montag	**48. TAG DES OMER**	4
11	Dienstag	**Erew Schawuot** **49. TAG DES OMER**	5
12	Mittwoch	**Schawuot Tag 1**	6
13	Donnerstag	**Schawuot Tag 2**	7
14	Freitag		8
15	**Schabbat**	**Nasso** 4. B.M. 4,21−7,89 | Haftarah ☞ Schoftim 13,2−25	9

16	Sonntag	10
17	Montag	11
18	Dienstag	12
19	Mittwoch	13
20	Donnerstag	14
21	Freitag	15
22	**Schabbat**	16

Beha'alotcha
4. B.M. 8,1–12,16 | Haftarah ☞ Zacharjah 2,14–4,7

| 23 | Sonntag | 17 |

| 24 | Montag | 18 |

| 25 | Dienstag | 19 |

| 26 | Mittwoch | 20 |

| 27 | Donnerstag | 21 |

| 28 | Freitag | 22 |

| 29 | **Schabbat** | **Schelach**
4. B.M. 13,1–15,41 \| Haftarah ☞ Jehoschua 2,1–24 | 23 |

| 30 | Sonntag | 24 |

| 1 | Montag | 25 |

| 2 | Dienstag | 26 |

| 3 | Mittwoch | 27 |

4 Donnerstag

Jom Kippur Katan
2. B.M. 32,11–14, 34,1–10
Haftarah ☞ Jeschajahu 55,6 -13; 56,1-8

28

| 5 | Freitag | 29 |

6 Schabbat

Korach & Rosch Chodesch Tammuz
Molad: 13:09 Uhr, 10 Chalakim
4. B.M. 16,1–18,32 | Maftir: 4. B.M. 28,9–15 | Haftarah ☞
Jeschajahu 66,1–24

30

7	Sonntag	**Rosch Chodesch Tammuz** 4. B.M. 28,1–15	1
8	Montag		2
9	Dienstag		3
10	Mittwoch		4
11	Donnerstag		5
12	Freitag		6
13	**Schabbat**	**Chukat** 4. B.M. 19,1–22,1 | Haftarah ☞ Schoftim 11,1–33	7

14	Sonntag		8
15	Montag		9
16	Dienstag		10
17	Mittwoch		11
18	Donnerstag		12
19	Freitag		13
20	**Schabbat**	**Balak** 4. B.M. 22,2–25,9 | Haftarah ☞ Michah 5,6–6,8	14

| 21 | Sonntag | | 15 |

| 22 | Montag | | 16 |

| 23 | Dienstag | | 17 |

| 24 | Mittwoch | | 18 |

| 25 | Donnerstag | | 19 |

| 26 | Freitag | | 20 |

| 27 | **Schabbat** | **Pinchas**
4. B.M. 25,10–30,1 | Haftarah ☞ Jirmejahu 1,1–2,3 | 21 |

| 28 | Sonntag | | 22 |

| 29 | Montag | | 23 |

| 30 | Dienstag | | 24 |

| 31 | Mittwoch | | 25 |

| 1 | Donnerstag | | 26 |

| 2 | Freitag | | 27 |

| 3 | **Schabbat** | **Matot-Masej**
4. B.M. 30,2–36,13 \| Haftarah ☞ Aschk. Jirmejahu
2,4–28; 3,4; Sef. 2,4–28; 4,1–2; Ital.: Joschua 19,51–21,3 | 28 |

| 4 | Sonntag | **Jom Kippur Katan**
2. B.M. 32,11–14, 34,1–10
Haftarah ☞ Jeschajahu 55,6 -13; 56,1-8 | 29 |

| 5 | Montag | **Rosch Chodesch Aw**
Molad: 01:53 Uhr, 11 Chalakim
4. B.M. 28,1–15 | 1 |

| 6 | Dienstag | | 2 |

| 7 | Mittwoch | | 3 |

| 8 | Donnerstag | | 4 |

| 9 | Freitag | | 5 |

| 10 | Schabbat | **Dwarim – Schabbat Chason**
5. B.M. 1,1–3,22 | Haftarah ☞ Jeschajahu 1,1–27;
Jemen. 1,21–31 | 6 |

11	Sonntag		7
12	Montag	**Erew Tischa beAw**	8
13	Dienstag	**Tischa beAw**	9
14	Mittwoch		10
15	Donnerstag		11
16	Freitag		12
17	**Schabbat**	**Waetchanan – Schabbat Nachamu** 5. B.M. 3,23–7,11 | Haftarah ☞ Jeschajahu 40,1–26; Jemen. 40,1–27;41,17	13

18	Sonntag		14
19	Montag	**Tu beAw**	15
20	Dienstag		16
21	Mittwoch		17
22	Donnerstag		18
23	Freitag		19
24	**Schabbat**	**Ekew** 5. B.M. 7,12–11,25 | Haftarah ☞ Jeschajahu 49,14–51,3	20

25	Sonntag	21
26	Montag	22
27	Dienstag	23
28	Mittwoch	24
29	Donnerstag	25
30	Freitag	26

31 **Schabbat**   **Re'eh**
5. B.M. 11,26–16,17 | Haftarah ☞ Jeschajahu 54,11–55,5   27

1   Sonntag   28

2   Montag

Jom Kippur Katan
2. B.M. 32,11–14, 34,1–10
Haftarah ☞ Jeschajahu 55,6 -13; 56,1-8   29

3   Dienstag

Rosch Chodesch Elul
Molad: 14:37 Uhr, 12 Chalakim
4. B.M. 28,1–15   30

4   Mittwoch

Rosh HaSchana LaBehemot
Rosch Chodesch Elul
4. B.M. 28,1–15   1

5   Donnerstag   2

6   Freitag   3

7   **Schabbat**

Schoftim
5. B.M. 16,18–21,9 | Haftarah ☞ Jeschajahu 51,12–52,12;
Ital. 1. Schmuel 8,1–22   4

| 8 | Sonntag | | 5 |

| 9 | Montag | | 6 |

| 10 | Dienstag | | 7 |

| 11 | Mittwoch | | 8 |

| 12 | Donnerstag | | 9 |

| 13 | Freitag | | 10 |

| 14 | **Schabbat** | **Ki Tetze**
5. B.M. 21,10–25,19 \| Haftarah ☞ Jeschajahu 54,1–10;
Ital. 1. Schmuel 17,1–37 | 11 |

15	Sonntag	12
16	Montag	13
17	Dienstag	14
18	Mittwoch	15
19	Donnerstag	16
20	Freitag	17

Ki Tawo
5. B.M. 26,1–29,8 | Haftarah ☞ Jeschajahu 60,1–22; Ital. Joschua 8,30–9,27

21	**Schabbat**	18

22	Sonntag		19
23	Montag		20
24	Dienstag		21
25	Mittwoch		22
26	Donnerstag		23
27	Freitag		24
28	Schabbat	**Nitzawim-Wajelech** 5. B.M. 29,9–31,30 | Haftarah ☞ Jeschajahu 61,10–63,9 Lejl Slichot	25

| 29 | Sonntag | | 26 |

| 30 | Montag | | 27 |

| 1 | Dienstag | | 28 |

| 2 | Mittwoch | **Erew Rosch Haschana** | 29 |

| 3 | Donnerstag | **Rosch haSchana 5785**
Molad: 03:21 Uhr, 13 Chalakim
1.B.M. Kapitel 21; Maftir 4.B.M. 29,1–6
Haftarah ☞ 1. Schmuel 1,1–2,20 | 1 |

| 4 | Freitag | **Rosch HaSchana Tag 2**
1.B.M.22,1-24; Maftir: 4 B.M. 29,1–6
Haftarah ☞ Jirmejahu 31,1–19 | 2 |

| 5 | **Schabbat** | **Ha'asinu Schabbat Schuwa**
5. B.M. 32,1–32,52 | Haftarah ☞ Haftarah Aschk.
Hoschea 14,2-10; Joel 2,15-27; Sef. Hoschea 14,2-10;
Micah 7,18-20 | 3 |

| 6 | Sonntag | | 4 |

| 7 | Montag | | 5 |

| 8 | Dienstag | | 6 |

| 9 | Mittwoch | | 7 |

| 10 | Donnerstag | | 8 |

| **11** | Freitag | **Erew Jom Kippur** | 9 |

| **12** | **Schabbat** | **Jom Kippur**
Schacharit: 3. B.M. 16,1–34; 5. B.M. 29,7–11
Haftarah ☞ 57,14–58,14
Minchah: 3. B.M. 18,1–30; Maftir: 3. B.M. 18,22–30
Haftarah ☞ Das Buch Jonah. Michah 7,18–20 | 10 |

	So	Mo	Di	Mi	Do	Fr	SCHABBAT		
Kiddu-schin	28	29	30	31	32	33	34	16.09.2023	Rosch haSchanah	September
	35	36	37	38	39	40	41	23.09.2023	Ha'asinu	September
	42	43	44	45	46	47	48	30.09.2023	Sukkot Tag 1	September
	49	50	51	52	53	54	55	07.10.2023	Schemini Atzeret	Oktober
	56	57	58	59	60	61	62	14.10.2023	Bereschit	Oktober
	63	64	65	66	67	68	69	21.10.2023	Noach	Oktober
	70	71	72	73	74	75	76	28.10.2023	Lech Lecha	Oktober
Baba Kamma	77	78	79	80	81	82	2	04.11.2023	Wajera	November
	3	4	5	6	7	8	9	11.11.2023	Chajej Sarah	November
	10	11	12	13	14	15	16	18.11.2023	Toldot	November
	17	18	19	20	21	22	23	25.11.2023	Wajetze	November
	24	25	26	27	28	29	30	02.12.2023	Wajischlach	Dezember
	31	32	33	34	35	36	37	09.12.2023	Wajeschew	Dezember
	38	39	40	41	42	43	44	16.12.2023	Miketz	Dezember
	45	46	47	48	49	50	51	23.12.2023	Wajigasch	Dezember
	52	53	54	55	56	57	58	30.12.2023	Wajechi	Dezember
	59	60	61	62	63	64	65	06.01.2024	Schmot	Januar '24
	66	67	68	69	70	71	72	13.01.2024	Wajera	Januar '24
	73	74	75	76	77	78	79	20.01.2024	Bo	Januar '24
	80	81	82	83	84	85	86	27.01.2024	Beschalach	Januar '24
	87	88	89	90	91	92	93	03.02.2024	Jitro	Februar
	94	95	96	97	98	99	100	10.02.2024	Mischpatim	Februar
	101	102	103	104	105	106	107	17.02.2024	Trumah	Februar
	108	109	110	111	112	113	114	24.02.2024	Tetzaweh	Februar
Baba Metzia	115	116	117	118	119	2	3	02.03.2024	Ki Tisa	März
	4	5	6	7	8	9	10	09.03.2024	Wajakel	März
	11	12	13	14	15	16	17	16.03.2024	Pekudei	März
	18	19	20	21	22	23	24	23.03.2024	Wajikra	März
	25	26	27	28	29	30	31	30.03.2024	Tzaw	März

	So	Mo	Di	Mi	Do	Fr	SCHABBAT			
Baba Metzia	32	33	34	35	36	37	38	06.04.2024	Schmini	
	39	40	41	42	43	44	45	13.04.2024	Tasria	April
	46	47	48	49	50	51	52	20.04.2024	Mezora	
	53	54	55	56	57	58	59	27.04.2024	Chol haMoed Pessach	
	60	61	62	63	64	65	66	04.05.2024	Acharei Mot	
	67	68	69	70	71	72	73	11.05.2024	Kedoschim	Mai
	74	75	76	77	78	79	80	18.05.2024	Emor	
	81	82	83	84	85	86	87	25.05.2024	Behar	
	88	89	90	91	92	93	94	01.06.2024	Bechukotai	
	95	96	97	98	99	100	101	08.06.2024	Bamidbar	Juni
	102	103	104	105	106	107	108	15.06.2024	Nasso	
	109	110	111	112	113	114	115	22.06.2024	Behaalotcha	
Baba Batra	116	117	118	119	2	3	4	29.06.2024	Schlach	
	5	6	7	8	9	10	11	06.07.2024	Korach	
	12	13	14	15	16	17	18	13.07.2024	Chukat	Juli
	19	20	21	22	23	24	25	20.07.2024	Balak	
	26	27	28	29	30	31	32	27.07.2024	Pinchas	
	33	34	35	36	37	38	39	03.08.2024	Matot-Masei	
	40	41	42	43	44	45	46	10.08.2024	Dwarim	
	47	48	49	50	51	52	53	17.08.2024	Waetchanan	August
	54	55	56	57	58	59	60	24.08.2024	Eikew	
	61	62	63	64	65	66	67	31.08.2024	Re'e	
	68	69	70	71	72	73	74	07.09.2024	Schoftim	
	75	76	77	78	79	80	81	14.09.2024	Ki Tezei	September
	82	83	84	85	86	87	88	21.09.2024	Ki Tawo	
	89	90	91	92	93	94	95	28.09.2024	Nitzawim-Wajelech	
	96	97	98	99	100	101	102	05.10.2024	HaAsinu	
										Oktober

SCHABBATZEITEN

Wann beginnt der Schabbat?

Eine einfache Antwort liegt nahe: mit dem Sonnenuntergang am Freitagabend. Eine vorsichtigere Alternative wäre: mit dem Anzünden der Kerzen. Wenn der Schabbat aber mit Sonnenuntergang beginnt, warum zünden wir die Kerzen in den meisten Gemeinden dann 18 Minuten vor Sonnenuntergang? Die Antwort darauf könnte etwa lauten, dass der Schabbat überhaupt nicht mit dem Sonnenuntergang beginnt, sondern eine gewisse Zeit davor.

Man wartet nicht, bis der Schabbat Einzug hält, sondern man beginnt den Schabbat, indem man die Kerzen zündet, eine Bracha oder ein Gebet spricht (Talmud Schabbat 23a), durch eine mündliche Erklärung oder einfach durch Unterlassen der 39 verbotenen Arbeiten. In den meisten Fällen ist es natürlich das Zünden der Kerzen, das auch das Sprechen einer Bracha beinhaltet. Anschließend hat der Schabbat dann tatsächlich begonnen. Man wartet also nicht ab, bis die Sonne untergeht und der Schabbat den Menschen einholt.

Die gewisse Zeitspanne vor dem Schabbat ist eine Hinzufügung und wird deshalb als *»Tosefet Schabbat«* bezeichnet (deutsch: Zusatz zum Schabbat). Sie kann 18 Minuten vor Sonnenuntergang beginnen, wie es in vielen deutschen Gemeinden üblich ist, aber auch 21 Minuten wie in Tel Aviv, oder gar 40 Minuten wie in Jerusalem.

Der »Zusatz zum Schabbat« wird als Mizwa betrachtet. Josef Karo (1488–1575) schreibt im *Schulchan Aruch* (*Orach Chajim* 261), dass man etwas von der Woche dem Schabbat hinzufügen soll. Der Talmud (Joma 81b) berichtet davon, auch einem Fastentag etwas Zeit hinzuzufügen.

Rabbiner Chajm ben Mosche ibn Attar (1696–1743) aus Marokko, nach seinem gleichnamigen Torakommentar auch *Or haChajim* genannt, kommentiert zum 2. Buch Moses (31,16), wo es heißt, dass die Kinder Jisraels den Schabbat »machen sollen« (*la'asot et schabbat*), dass sich dies auf die Mizwa des »*Tosefet Schabbat*« beziehe.

Die Frage, wie viel Zeit man hinzufügen sollte, beantwortet Josef Karo indirekt: Man sollte die Zeit hinzufügen, die man brauche, um ein Mil zu gehen. Ein Mil scheint eine Strecke von etwa 1.000 Metern gewesen zu sein. Festgelegt wurde von einigen Autoritäten, dass dies wohl 18 Minuten seien.

Eine alternative Erklärung für die Herkunft dieses zusätzlichen Zeitraums kann auch in der ursprünglichen Bekanntmachung des Schabbats liegen: Im Talmud (Schabbat 35b) wird erklärt, dass der Schabbat durch sechs Schofartöne angekündigt wurde und es zwischen einer Folge von Tönen einen Zeitraum gab, der so lange war, »wie es dauerte, einen kleinen Fisch zu rösten«. Es ist durchaus denkbar, dass dieser Zeitraum weiter beachtet wurde, jedoch eine andere Deutung erfahren hat.

Für diesen Kalender wurde die Zeit des Sonnenuntergangs mit Abzug der 18 Minuten verwendet. Für die Hawdalah wurden 50 Minuten nach Sonnenuntergang (Erscheinen von drei mittelgroßen Sternen) angewendet.

Datum		Basel	Berlin	Düsseldorf	Frankfurt	Wien
15.09.2023	Zünden	19:24	19:04	19:30	19:21	18:49
16.09.2023	Zünden	20:27	20:11	20:35	20:26	19:52
22.09.2023	Zünden	19:10	18:47	19:14	19:06	18:35
23.09.2023	Haw.	20:12	19:54	20:19	20:10	19:37
24.09.2023	Zünden	19:06	18:42	19:09	19:01	18:31
29.09.2023	Zünden	18:56	18:31	18:58	18:50	18:20
30.09.2023	Zünden	19:57	19:37	20:03	19:54	19:23
01.10.2023	Haw.	19:55	19:35	20:01	19:52	19:21
06.10.2023	Zünden	18:41	18:14	18:42	18:35	18:06
07.10.2023	Zünden	19:43	19:21	19:47	19:39	19:08
08.10.2023	Haw.	19:42	19:19	19:45	19:37	19:06
13.10.2023	Zünden	18:28	17:58	18:27	18:20	17:52
14.10.2023	Haw.	19:30	19:05	19:32	19:25	18:55
20.10.2023	Zünden	18:15	17:43	18:12	18:06	17:39
21.10.2023	Haw.	19:18	18:51	19:18	19:11	18:42
27.10.2023	Zünden	18:02	17:28	17:58	17:53	17:26
28.10.2023	Haw.	19:06	18:37	19:05	18:59	18:30
03.11.2023	Zünden	16:51	16:15	16:45	16:40	16:15
04.11.2023	Haw.	17:56	17:25	17:54	17:48	17:20
10.11.2023	Zünden	16:41	16:03	16:34	16:30	16:04
11.11.2023	Haw.	17:47	17:14	17:44	17:38	17:11
17.11.2023	Zünden	16:33	15:52	16:24	16:20	15:56
18.11.2023	Haw.	17:40	17:06	17:35	17:30	17:04
24.11.2023	Zünden	16:27	15:44	16:16	16:13	15:49

Bei Unsicherheiten wendet man sich bitte an einen lokalen Rabbiner.

Datum		Basel	Berlin	Düsseldorf	Frankfurt	Wien
25.11.2023	Haw.	17:35	16:59	17:29	17:24	16:58
01.12.2023	Zünden	16:22	15:38	16:10	16:08	15:45
02.12.2023	Haw.	17:32	16:54	17:25	17:20	16:55
08.12.2023	Zünden	16:20	15:34	16:07	16:05	15:42
09.12.2023	Haw.	17:31	16:52	17:23	17:19	16:54
15.12.2023	Zünden	16:20	15:34	16:07	16:04	15:42
16.12.2023	Haw.	17:31	16:53	17:24	17:19	16:54
22.12.2023	Zünden	16:23	15:36	16:09	16:07	15:45
23.12.2023	Haw.	17:34	16:55	17:26	17:22	16:57
29.12.2023	Zünden	16:27	15:41	16:14	16:12	15:49
30.12.2023	Haw.	17:39	17:01	17:31	17:27	17:02
05.01.2024	Zünden	16:34	15:48	16:21	16:19	15:56
06.01.2024	Haw.	17:46	17:08	17:38	17:34	17:09
12.01.2024	Zünden	16:42	15:58	16:31	16:28	16:05
13.01.2024	Haw.	17:53	17:16	17:47	17:42	17:16
19.01.2024	Zünden	16:52	16:09	16:41	16:38	16:14
20.01.2024	Haw.	18:02	17:27	17:57	17:52	17:25
26.01.2024	Zünden	17:02	16:22	16:53	16:49	16:25
27.01.2024	Haw.	18:12	17:38	18:07	18:02	17:35
02.02.2024	Zünden	17:13	16:35	17:06	17:01	16:36
03.02.2024	Haw.	18:21	17:49	18:18	18:13	17:45
09.02.2024	Zünden	17:24	16:48	17:18	17:14	16:47
10.02.2024	Haw.	18:32	18:02	18:30	18:24	17:56
16.02.2024	Zünden	17:35	17:01	17:31	17:26	16:59

Bei Unsicherheiten wendet man sich bitte an einen lokalen Rabbiner.

Datum		Basel	Berlin	Düsseldorf	Frankfurt	Wien
17.02.2024	Haw.	18:42	18:14	18:42	18:35	18:06
23.02.2024	Zünden	17:46	17:15	17:43	17:38	17:10
24.02.2024	Haw.	18:52	18:26	18:53	18:46	18:17
01.03.2024	Zünden	17:57	17:28	17:56	17:49	17:21
02.03.2024	Haw.	19:02	18:39	19:05	18:58	18:27
08.03.2024	Zünden	18:07	17:40	18:08	18:01	17:31
09.03.2024	Haw.	19:13	18:51	19:17	19:09	18:38
15.03.2024	Zünden	18:17	17:53	18:20	18:12	17:42
16.03.2024	Haw.	19:23	19:04	19:29	19:20	18:48
22.03.2024	Zünden	18:27	18:05	18:31	18:24	17:52
23.03.2024	Haw.	19:33	19:17	19:41	19:32	18:59
29.03.2024	Zünden	18:37	18:18	18:43	18:35	18:02
30.03.2024	Haw.	19:44	19:30	19:54	19:44	19:09
05.04.2024	Zünden	19:47	19:30	19:55	19:46	19:13
06.04.2024	Haw.	20:54	20:43	21:06	20:56	20:21
12.04.2024	Zünden	19:57	19:42	20:06	19:57	19:23
13.04.2024	Haw.	21:05	20:57	21:19	21:08	20:32
19.04.2024	Zünden	20:07	19:54	20:18	20:08	19:33
20.04.2024	Haw.	21:16	21:11	21:33	21:21	20:43
22.04.2024	Zünden	20:11	20:00	20:23	20:12	19:37
23.04.2024	Zünden	21:21	21:17	21:38	21:26	20:48
24.04.2024	Haw.	21:23	21:19	21:40	21:28	20:50
26.04.2024	Zünden	20:17	20:07	20:29	20:19	19:43
27.04.2024	Haw.	21:28	21:26	21:46	21:34	20:55

Bei Unsicherheiten wendet man sich bitte an einen lokalen Rabbiner.

Datum		Basel	Berlin	Düsseldorf	Frankfurt	Wien
28.04.2024	Zünden	20:20	20:10	20:33	20:22	19:46
29.04.2024	Zünden	21:31	21:30	21:50	21:37	20:58
30.04.2024	Haw.	21:33	21:32	21:52	21:39	21:00
03.05.2024	Zünden	20:26	20:19	20:41	20:30	19:53
04.05.2024	Haw.	21:39	21:40	22:00	21:47	21:07
10.05.2024	Zünden	20:36	20:30	20:52	20:40	20:03
11.05.2024	Haw.	21:50	21:55	22:14	21:59	21:18
17.05.2024	Zünden	20:45	20:41	21:02	20:50	20:12
18.05.2024	Haw.	22:01	22:10	22:27	22:12	21:30
24.05.2024	Zünden	20:53	20:52	21:12	20:59	20:20
25.05.2024	Haw.	22:11	22:23	22:39	22:23	21:40
31.05.2024	Zünden	21:00	21:00	21:20	21:07	20:28
01.06.2024	Haw.	22:20	22:35	22:50	22:33	21:49
07.06.2024	Zünden	21:06	21:07	21:27	21:14	20:34
08.06.2024	Haw.	22:27	22:44	22:58	22:41	21:56
11.06.2024	Zünden	21:09	21:11	21:30	21:16	20:36
12.06.2024	Zünden	22:30	22:48	23:02	22:45	21:59
13.06.2024	Haw.	22:30	22:49	23:03	22:45	22:00
14.06.2024	Zünden	21:10	21:12	21:32	21:18	20:38
15.06.2024	Haw.	22:32	22:51	23:04	22:47	22:01
21.06.2024	Zünden	21:13	21:15	21:34	21:20	20:40
22.06.2024	Haw.	22:34	22:53	23:06	22:49	22:03
28.06.2024	Zünden	21:13	21:15	21:34	21:20	20:40
29.06.2024	Haw.	22:33	22:51	23:05	22:48	22:02

Bei Unsicherheiten wendet man sich bitte an einen lokalen Rabbiner.

Datum		Basel	Berlin	Düsseldorf	Frankfurt	Wien
05.07.2024	Zünden	21:11	21:12	21:31	21:18	20:38
06.07.2024	Haw.	22:30	22:46	23:00	22:43	21:59
12.07.2024	Zünden	21:07	21:06	21:26	21:13	20:34
13.07.2024	Haw.	22:24	22:37	22:52	22:36	21:53
19.07.2024	Zünden	21:01	20:59	21:19	21:07	20:28
20.07.2024	Haw.	22:16	22:26	22:42	22:27	21:44
26.07.2024	Zünden	20:53	20:49	21:10	20:58	20:20
27.07.2024	Haw.	22:06	22:12	22:30	22:15	21:34
02.08.2024	Zünden	20:44	20:37	20:59	20:47	20:10
03.08.2024	Haw.	21:54	21:57	22:16	22:02	21:22
09.08.2024	Zünden	20:33	20:24	20:47	20:36	19:59
10.08.2024	Haw.	21:42	21:41	22:01	21:48	21:09
16.08.2024	Zünden	20:21	20:10	20:33	20:23	19:47
17.08.2024	Haw.	21:28	21:24	21:45	21:33	20:55
23.08.2024	Zünden	20:08	19:55	20:19	20:09	19:34
24.08.2024	Haw.	21:14	21:07	21:29	21:17	20:41
30.08.2024	Zünden	19:55	19:40	20:04	19:54	19:21
31.08.2024	Haw.	20:59	20:49	21:12	21:01	20:26
06.09.2024	Zünden	19:41	19:23	19:48	19:39	19:07
07.09.2024	Haw.	20:44	20:32	20:55	20:45	20:10
13.09.2024	Zünden	19:27	19:07	19:32	19:24	18:52
14.09.2024	Haw.	20:29	20:14	20:38	20:29	19:55
20.09.2024	Zünden	19:12	18:50	19:16	19:09	18:37
21.09.2024	Haw.	20:14	19:57	20:22	20:13	19:40

Bei Unsicherheiten wendet man sich bitte an einen lokalen Rabbiner.

Datum		Basel	Berlin	Düsseldorf	Frankfurt	Wien
27.09.2024	Zünden	18:58	18:34	19:00	18:53	18:23
28.09.2024	Haw.	20:00	19:40	20:06	19:57	19:25
02.10.2024	Zünden	18:48	18:22	18:49	18:42	18:12
03.10.2024	Zünden	19:50	19:28	19:54	19:46	19:15
04.10.2024	Zünden	18:44	18:17	18:45	18:38	18:08
05.10.2024	Haw.	19:46	19:24	19:50	19:42	19:11
11.10.2024	Zünden	18:30	18:01	18:29	18:23	17:54
12.10.2024	Haw.	19:32	19:08	19:35	19:27	18:57

Bei Unsicherheiten wendet man sich bitte an einen lokalen Rabbiner.

ERRECHNEN OB EIN JAHR EIN SCHALTJAHR IST

Die Jahreszahl muss durch 19 geteilt werden.

Beträgt der Rest 3, 6, 8, 11, 14, 17 oder 0, dann handelt es sich um ein Schaltjahr. In allen anderen Fällen dementsprechend nicht.

☻ In Tabellenkalkulationsprogrammen kann man sich den Rest über die Funktion MOD() oder REST() ausgeben lassen.

Die nächsten Schaltjahre:
5784 (2023-2024)
5787 (2026-2027)
5790 (2029-2030)
5793 (2032-2033)
5795 (2034-2035)

BIRKAT HACHAMAH

Birkat haChamah wird alle 28 Jahre gesagt.

Daten von Birkat haChamah

Jüd. Jahr	Jahr n. allg. Zeitr.	Tag im Monat jüd.	Tag im Monat n. allg. Zeitr.	Wochentag
5797	2037	23. Nissan	8. April	Mittwoch
5825	2065	2. Nissan	8. April	Mittwoch
5853	2093	12. Nissan	8. April	Mittwoch
5881	2121	21. Nissan	9. April	Mittwoch
5909	2149	2. Nissan	9. April	Mittwoch
5937	2177	11. Nissan	9. April	Mittwoch
5965	2205	19. Nissan	10. April	Mittwoch
5993	2233	29. Adar 2	10. April	Mittwoch

ZÜNDEN DER CHANUKKAH-KERZEN SCHEMA

Erste Nacht	–	–	–	–	–	–	–	1
Zweite Nacht	–	–	–	–	–	–	1	2
Dritte Nacht	–	–	–	–	–	1	2	3
Vierte Nacht	–	–	–	–	1	2	3	4
Fünfte Nacht	–	–	–	1	2	3	4	5
Sechste Nacht	–	–	1	2	3	4	5	6
Siebente Nacht	–	1	2	3	4	5	6	7
Achte Nacht	1	2	3	4	5	6	7	8

Feiertage bis 2029	5786 (2025/2026)	5787 (2026/2027)	5788 (2027/2028)	5789 (2028/2029)
Rosch haSchana	23.09.2025	12.09.2026	02.10.2027	21.09.2028
Rosch HaSchana II	24.09.2025	13.09.2026	03.10.2027	22.09.2028
Tzom Gedalia	25.09.2025	14.09.2026	04.10.2027	24.09.2028
Jom Kippur	02.10.2025	21.09.2026	11.10.2027	30.09.2028
Sukkot I	07.10.2025	26.09.2026	16.10.2027	05.10.2028
Sukkot II	08.10.2025	27.09.2026	17.10.2027	06.10.2028
Sukkot III (Ch"M)	09.10.2025	28.09.2026	18.10.2027	07.10.2028
Sukkot IV (Ch"M)	10.10.2025	29.09.2026	19.10.2027	08.10.2028
Sukkot V (Ch"M)	11.10.2025	30.09.2026	20.10.2027	09.10.2028
Sukkot VI (Ch"M)	12.10.2025	01.10.2026	21.10.2027	10.10.2028
Sukkot VII (Hoschana Raba)	13.10.2025	02.10.2026	22.10.2027	11.10.2028
Schemini Azeret	14.10.2025	03.10.2026	23.10.2027	12.10.2028
Simchat Torah	15.10.2025	04.10.2026	24.10.2027	13.10.2028
Channukah: 1 Kerze	14.12.2025	04.12.2026	24.12.2027	12.12.2028
Channukah: 2 Kerzen	15.12.2025	05.12.2026	25.12.2027	13.12.2028
Channukah: 3 Kerzen	16.12.2025	06.12.2026	26.12.2027	14.12.2028
Channukah: 4 Kerzen	17.12.2025	07.12.2026	27.12.2027	15.12.2028
Channukah: 5 Kerzen	18.12.2025	08.12.2026	28.12.2027	16.12.2028
Channukah: 6 Kerzen	19.12.2025	09.12.2026	29.12.2027	17.12.2028
Channukah: 7 Kerzen	20.12.2025	10.12.2026	30.12.2027	18.12.2028
Channukah: 8 Kerzen	21.12.2025	11.12.2026	31.12.2027	19.12.2028
Channukah: 8. Tag	22.12.2025	12.12.2026	01.01.2028	20.12.2028
Asara beTewet	30.12.2025	20.12.2026	09.01.2028	28.12.2028
Tu biSchwat	02.02.2026	23.01.2027	12.02.2028	31.01.2029
Taanit Esther	02.03.2026	22.03.2027	09.03.2028	28.02.2029
Purim	03.03.2026	23.03.2027	12.03.2028	01.03.2029
Taanit Bechorot	01.04.2026	21.04.2027	10.04.2028	30.03.2029
Erew Pessach (Sederabend)	01.04.2026	21.04.2027	10.04.2028	30.03.2029
Pessach I	02.04.2026	22.04.2027	11.04.2028	31.03.2029
Pessach II	03.04.2026	23.04.2027	12.04.2028	01.04.2029
Pessach III (Ch"M)	04.04.2026	24.04.2027	13.04.2028	02.04.2029

Feiertage bis 2029	5786 (2025/2026)	5787 (2026/2027)	5788 (2027/2028)	5789 (2028/2029)
Pessach IV (Ch"M)	05.04.2026	25.04.2027	14.04.2028	03.04.2029
Pessach V (Ch"M)	06.04.2026	26.04.2027	15.04.2028	04.04.2029
Pessach VI (Ch"M)	07.04.2026	27.04.2027	16.04.2028	05.04.2029
Pessach VII	08.04.2026	28.04.2027	17.04.2028	06.04.2029
Pessach VIII	09.04.2026	29.04.2027	18.04.2028	07.04.2029
Jom haSchoa	14.04.2026	04.05.2027	24.04.2028	12.04.2029
Jom HaSikaron	21.04.2026	11.05.2027	01.05.2028	18.04.2029
Unabhängigkeitstag	22.04.2026	12.05.2027	02.05.2028	19.04.2029
Pessach Scheni	01.05.2026	21.05.2027	10.05.2028	29.04.2029
Lag baOmer	05.05.2026	25.05.2027	14.05.2028	03.05.2029
Jerusalem-Tag	15.05.2026	04.06.2027	24.05.2028	13.05.2029
Schawuot I	22.05.2026	11.06.2027	31.05.2028	20.05.2029
Schawuot II	23.05.2026	12.06.2027	01.06.2028	21.05.2029
Tzom Tammus	02.07.2026	22.07.2027	11.07.2028	01.07.2029
Tischa b'Aw	23.07.2026	12.08.2027	01.08.2028	22.07.2029
Tu b'Aw	29.07.2026	18.08.2027	07.08.2028	27.07.2029
Rosh Hashana LaBehemot	14.08.2026	03.09.2027	23.08.2028	12.08.2029
Lejl Slichot	05.09.2026	25.09.2027	16.09.2028	01.09.2029

TORAHLESUNGEN

Torahabschnitt	Buch	Kapitel
Acharei Mot	3.B.M.	16,1-18,30
Balak	4.B.M.	22,2-25,9
Bechukotaj	3.B.M.	26,3-27,34
Beha'alotcha	4.B.M.	8,1-12,16
Behar	3.B.M.	25,1-26,2
Bemidbar	4.B.M.	1,1-4,20
Bereschit	1.B.M.	1,1-6,8
Beschalach	2.B.M.	13,17-17,16
Bo	2.B.M.	10,1-13,16
Chaje Sara	1.B.M.	23,1-25,18
Chukat	4.B.M.	19,1-22,1
Dewarim	5.B.M.	1,1-3,22
Ekew	5.B.M.	7,12-11,25
Emor	3.B.M.	21,1-24,23
Ha'asinu	5.B.M.	32,1-52
Jitro	2.B.M.	18,1-20,23
Kedoschim	3.B.M.	9,1-20,27
Ki Tawo	5.B.M.	26,1-29,8
Ki Tetze	5.B.M.	21,10-25,19
Ki Tissa	2.B.M.	30,11-34,35
Korach	4.B.M.	16,1-18,32
Lech Lecha	1.B.M.	12,1-17,27
Mase	4.B.M.	33,1-36,13
Matot	4.B.M.	30,2-32,42
Metzora	3.B.M.	14,1-15,33

Torahabschnitt	Buch	Kapitel
Miketz	1.B.M.	41,1-44,17
Mischpatim	2.B.M.	21,1-24,18
Nasso	4.B.M.	4,21-7,89
Nitzawim	5.B.M.	29,9-30,20
Noach	1.B.M.	6,9-11,32
Pekude	2.B.M.	38,21-40,38
Pinchas	4.B.M.	25,10-30,1
Re'eh	5.B.M.	11,26-16,17
Schemini	3.B.M.	9,1-11,47
Schemot	2.B.M.	1,1-6,1
Schlach Lecha	4.B.M.	13,1-15,41
Schoftim	5.B.M.	16,18-21,9
Tazria	3.B.M.	12,1-13,59
Tetzawe	2.B.M.	27,20-30,10
Toldot	1.B.M.	25,19-28,9
Trumah	2.B.M.	25,1-27,19
Tzaw	3.B.M.	6,1-8,36
Wa'era	2.B.M.	6,2-9,35
Waetchanan	5.B.M.	3,23-7,11
Wajakhel	2.B.M.	35,1-38,20
Wajechi	1.B.M.	47,28-50,26
Wajelech	5.B.M.	31,1-30
Wajera	1.B.M.	18,1-22,24
Wajeschew	1.B.M.	37,1-40,23
Wajeze	1.B.M.	28,10-32,3
Wajigasch	1.B.M.	44,18-47,2
Wajikra	3.B.M.	1,1-5,26

Torahabschnitt	Buch	Kapitel
Wajischlach	1.B.M.	32,4-36,43
Wezot Habracha	5.B.M.	33,1-34,12